ENSEIGNEMENT MUSICAL

MODÈLES D'ÉCRITURE MUSICALE

pour

APPRENDRE LES SIGNES DE LA MUSIQUE

par

A. M. AUZENDE

Ouvrage complet en 6 Cahiers. – Chaque Cahier, Prix : 0,50

PARIS. — Léon GRUS, Éditeur Place Saint-Augustin

Cahier N° 2 *appartenant à M* ______________________

Imp. E. Delay, rue Rodier, 49.

LES GRANDS MAITRES CLASSIQUES

Transcriptions simplifiées pour Piano

1. Les Moutons, Gavotte.............. MARTINI
2. Tambourin.......................... RAMEAU
3. Rondo Turc.......................... STEIBELT
4. Menuet de la Sonate en *sol*, Op. 49...... BEETHOVEN
5. La Matinée......................... DUSSEK
6. Menuet du Bœuf..................... HAYDN
7. Sérénade et Ave Maria............. SCHUBERT
8. Deux Nocturnes.................... FIELD
9. L'Adieu............................. DUSSEK
10. Menuet.............................. BOCCHERINI
11. Mazurka, Op. 7...................... CHOPIN
12. Rondo Turc.......................... MOZART
13. L'Orage............................. STEIBELT
14. 1er Morceau, Op. 27................. BEETHOVEN
15. Caprice, Op. 16..................... MENDELSSHON
16. La Truite et Barcarolle............. SCHUBERT
17. Rondo, Op. 24, Sonate *fa majeur*......... BEETHOVEN
18. Marche funèbre..................... CHOPIN
19. Nocturne Op. 55, N° 1................ CHOPIN
20. Rondo Capriccioso.................. MENDELSSHON
21. Valse, *la mineur*...................... CHOPIN
22. Marche nuptiale.................... MENDELSSHON
23. Valse, *ut ♯ mineur*.................... CHOPIN
24. Chanson du Printemps............ MENDELSSHON
25. Nocturne, Op. 9..................... CHOPIN
26. Le Croisé........................... WEBER
27. Valse, *mi ♭* .... CHOPIN
28. Adagio concerto, *mi mineur*........... CHOPIN
29. Sonate, Op. 79...................... BEETHOVEN
30. Final concerto, *mi mineur*............ CHOPIN

Chaque, prix : 4 francs

F. FAUGIER, l'auteur de cette édition très soigneusement revue et doigtée, s'est tout particulièrement attaché à respecter l'œuvre du maître et n'y a apporté que des modifications de mécanisme pour en faciliter l'exécution.

Reproduire aussi exactement que possible les modèles ci-inclus.

1° — NOMS DES CINQ PREMIÈRES NOTES DE LA CLÉ DE FA.

Clé de Fa.

fa sol la si do do si la sol fa

(1)

fa sol la si do do si la sol fa

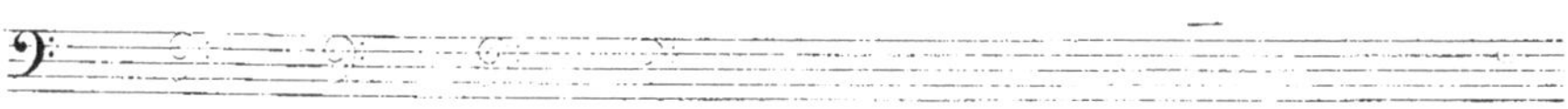

fa sol la si do

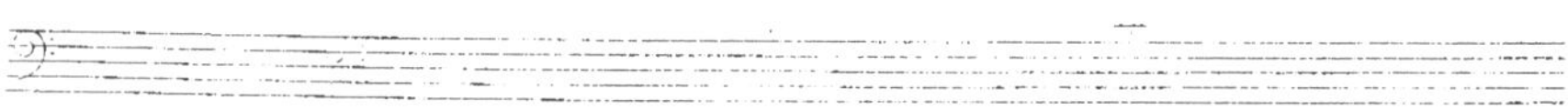

(1)

do si la sol fa

(1) Ecrire toujours le *nom des signes et des notes.*

Veiller à ce que les notes soient placées très exactement les unes au-dessous des autres.

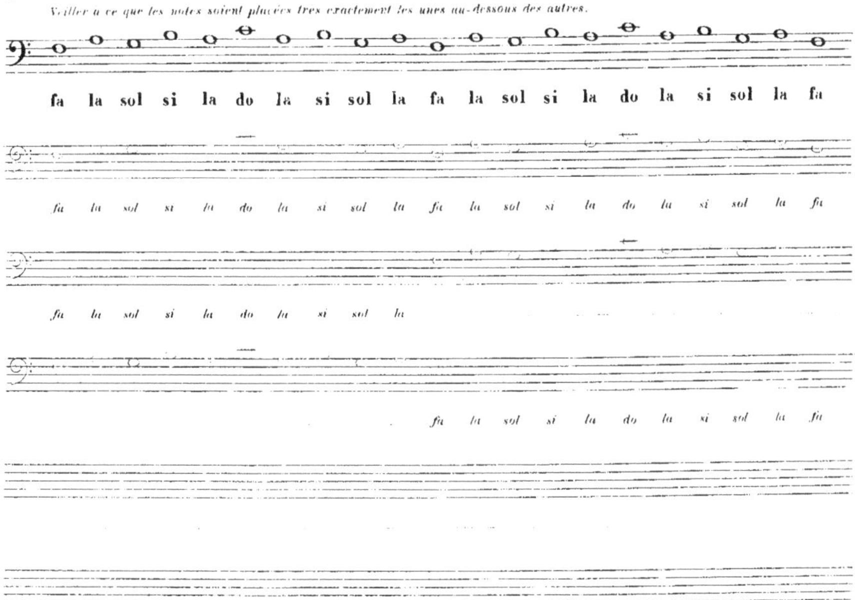

Remarquer la correspondance qui existe entre la clé de fa et la note fa.

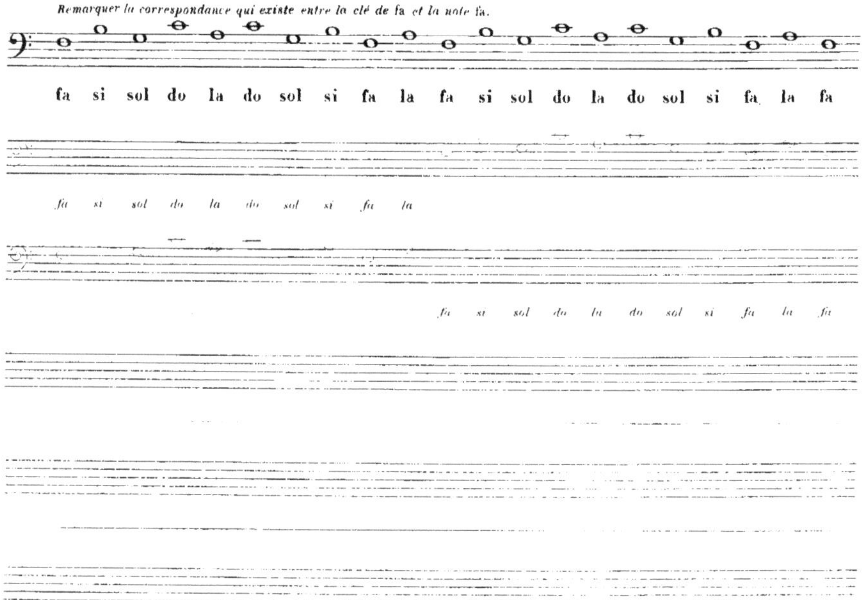

2° — NOMS DES QUATRE NOTES QUI COMPLÈTENT LA PREMIÈRE OCTAVE DE LA CLÉ DE FA.

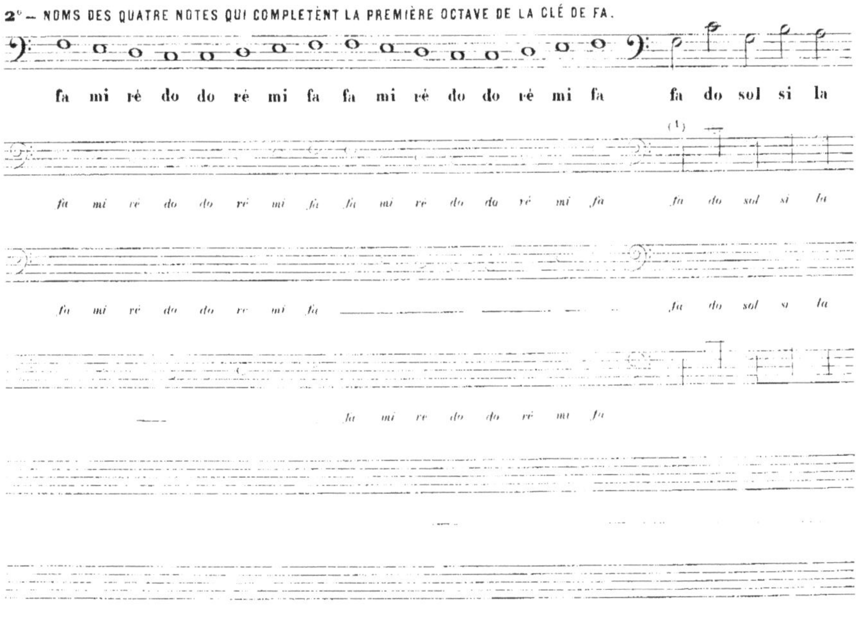

2

(1) Dans la musique écrite *à la main* il est plus facile de faire toujours les queues *à droite* des notes.

Veiller à ce que les queues des notes soient bien verticales.

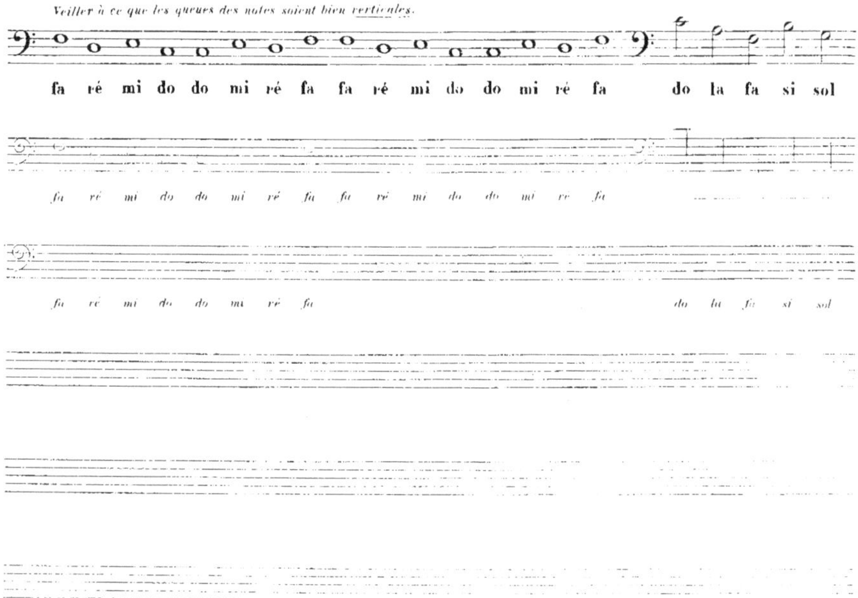

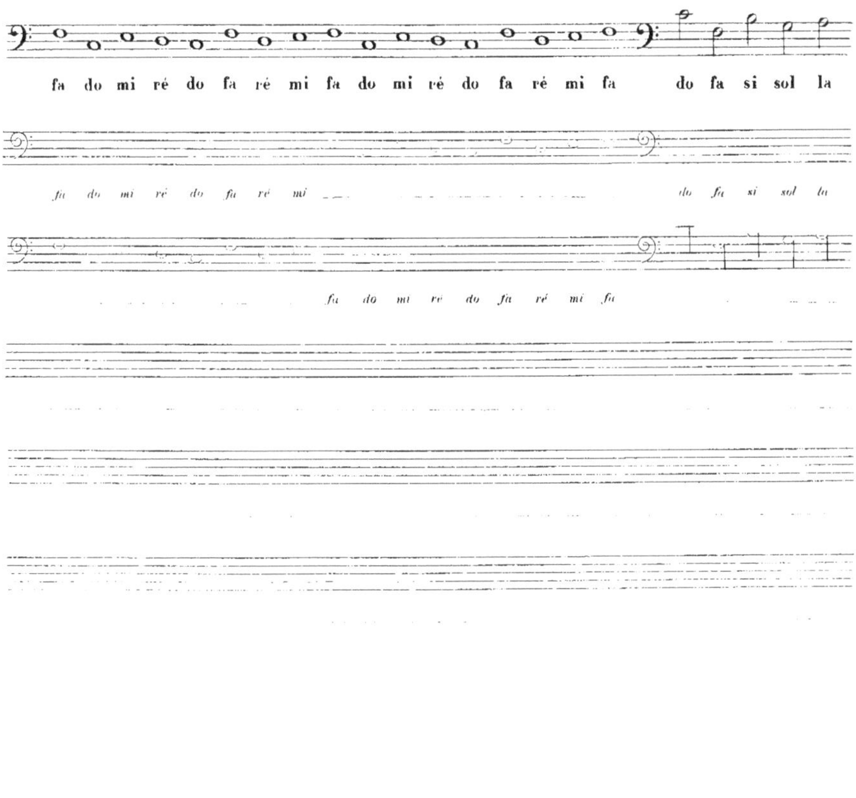
fa do mi ré do fa ré mi fa do mi ré do fa ré mi fa
do fa si sol la
fa do mi ré do fa ré mi
do fa si sol la
fa do mi ré do fa ré mi fa

3° — NOMS DES HUIT NOTES FORMANT LA PREMIÈRE OCTAVE DE LA CLÉ DE FA.

Remarquer de nouveau la correspondance qui existe entre la clé de fa et la note fa.

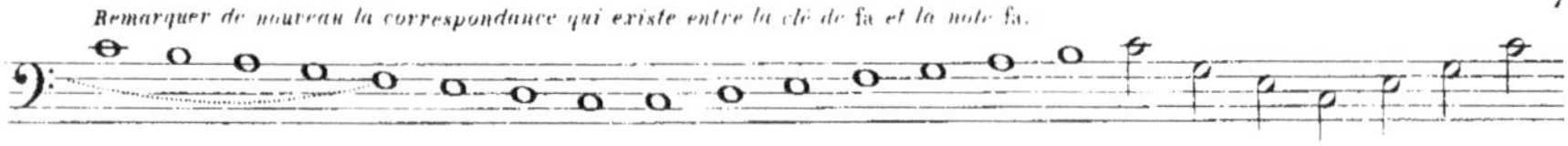

do si la sol fa mi ré do do ré mi fa sol la si do sol mi do mi sol do

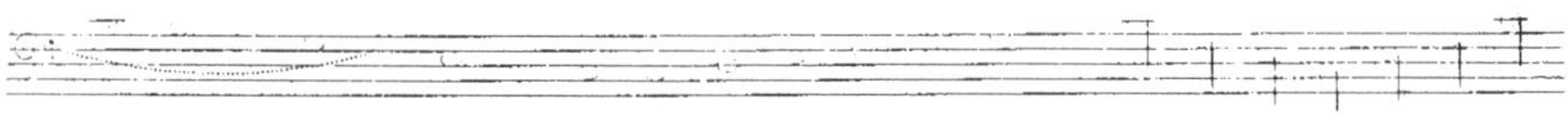

do si la sol fa mi ré do do ré mi fa sol la si do sol mi do mi sol do

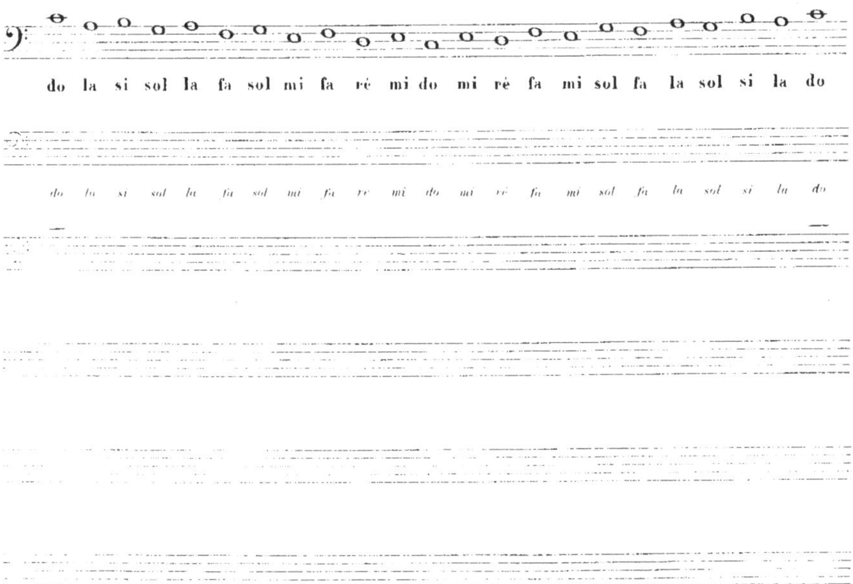
do la si sol la fa sol mi fa ré mi do mi ré fa mi sol fa la sol si la do
do la si sol la fa sol mi fa ré mi do mi ré fa mi sol fa la sol si la do

2

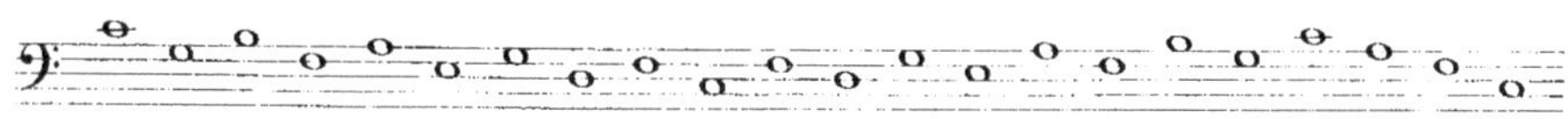

do sol si fa la mi sol ré fa do la ré sol mi la fa si sol do la fa do

do sol si fa la mi sol ré fa do la fa do

do fa si mi la ré sol do sol ré la mi si fa do mi si ré la do la ré si mi do
do sol ré la mi si fa — —
do la ré si mi do

Veiller à ce que les queues des notes soient bien verticales.

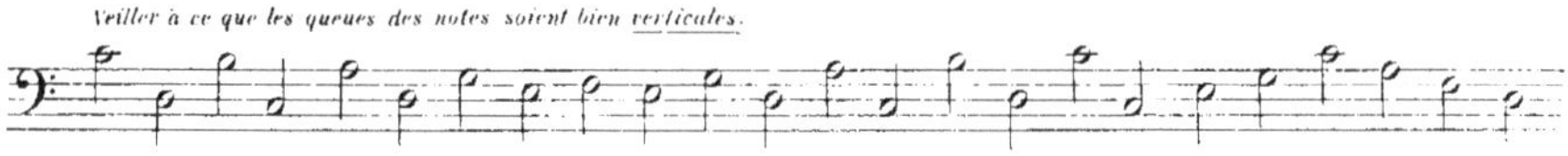

do ré si do la ré sol mi fa mi sol ré la do si ré do do mi sol do la fa ré

do ré si

4° — NOMS DES CINQ PREMIÈRES NOTES DE LA DEUXIÈME OCTAVE DE LA CLÉ DE FA.

do la si sol la fa la sol si la do la si sol la fa la sol si la do mi si sol do fa la ré
do la si sol la fa la sol si la do mi si
do la si sol la fa la sol si la

do sol si fa la fa si sol do la do sol si fa la fa si sol do la do
re la fa do sol si mi fa do do
do sol si fa la fa si sol do la

5° — ACCIDENTS.

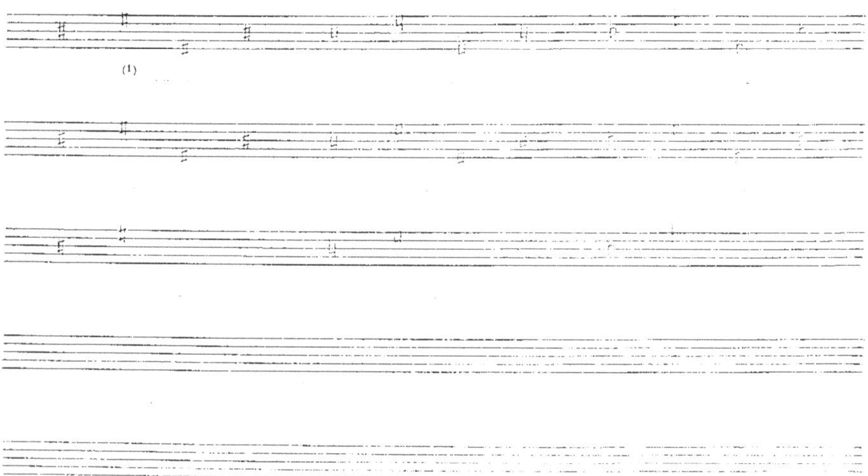

(1) Ecrire toujours le *nom* des *signes*.

6° — VALEURS DES NOTES ET DES SILENCES.

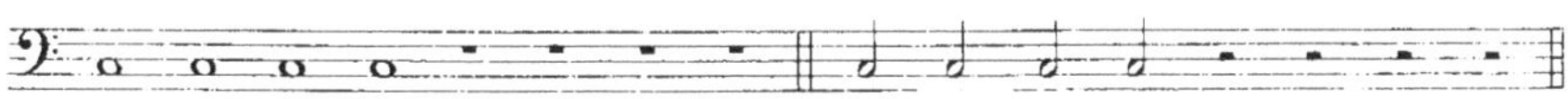

Ronde. Pause. Blanche. Demi-pause.

Ronde. Pause. Blanche. Demi-pause.

(1)

(1) Écrire toujours le *nom* des divers *signes*.

Noire.
Soupir.
Noire.
Soupir.
Noire.
Soupir.
Noire.
Soupir.

Croche.
Demi-soupir.
Double croche.
Quart de soupir.
Croche.
Demi-soupir.

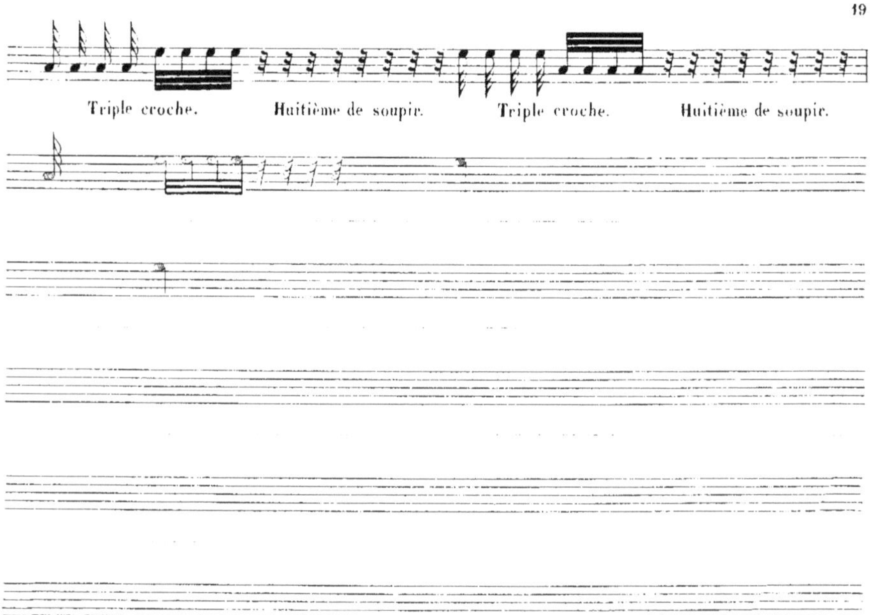
Triple croche.
Huitième de soupir.
Triple croche.
Huitième de soupir.

Quadruple croche.
Seizième de soupir.
Quadruple croche.
Seizième de soupir.

OUVRAGES D'ENSEIGNEMENT

MÉTHODES DE PIANO

BOHLMAN-SAUZEAU. Méthode pour les enfants. 12 »
CONCONE (J.). Op. 47. Méthode élémentaire.... 12 »
DUVERNOY. (J.B.) Op. 137. A B C du pianiste, méthode élémentaire in-4°.............. 12 »
Le même en petit format in-8° net...... 3 »

ÉTUDES POUR LE PIANO

BILLARD. Petites Études mélodiques............. 12 »
— L'heure du matin. Exercices et Gammes 25 »
CONCONE. (J.) Op. 24. Études mélodiques....... 12 »
— Op. 25. Études de genre et d'expression 15 »
— — 30. Etudes chantantes........... 12 »
— — 31. Études de Style........... ... 12 »
— — 37. Préludes dans tous les tons... 9 »
— — 44. Études expressives.......... 12 »
— — 47. Études élémentaires.......... 9 »
— Op. 57. Études sentimentales sur des mélodies de Fr. Schubert............ 15 »
— Études brillantes..................... 12 »
DUVERNOY. (J.B.) Op. 120. École du mécanisme ; Etudes faciles de la vélocité......... 12 »
— Op. 137. Études élémentaires .... 6 »
— Op. 176. École primaire, études faciles 12 »
— Op. 240. n° 1. Gammes harmonisées. 12 »
— — — n° 2. Exercices journaliers.. 12 »
— — — n° 3. Études spéciales...... 12 »
— Gammes et arpèges dans toutes leurs positions........................ 12 »
— Op. 263. Etudes d'agilité............ 12 »
— Op. 276. Etudes préparatoires de la vélocité........................ 12 »
— Op. 298. Etudes progressives pour les petites mains..................... 12 »

ÉTUDES POUR LE PIANO (SUITE)

DUVERNOY. (J.B.) Op. 299. Etudes moyenne force. 12 »
— — 300. Etudes caractéristiques 12 »
GARNIER. (E.) La Lecture musicale, 30 pièces artistiques variées dans tous les tons... 30 »
GRAS. Préludes dans tous les tons................ 7.50
HERX (H.) Gammes et Exercices.................. 9 »
LE COUPPEY. (Félix) Op. 5. Etudes de salon..... 10 »
— Op. 6 Etudes expressives.......... 10 »
— — 7 — chantantes.......... 10 »
— — 10 — primaires .... 10 »
LEFEBURE-WELY. Etudes de salon.............. 15 »
MARMONTEL. Op. 9. Etudes spéciales et progressives 12 »
— — 25. — caractéristiques........ 25 »
— — 45. — d'agilité et d'expression 20 »
O'KELLY. (J.) Etudes de salon.................... 12 »
PRUDENT. (E.) Op. 16. Etudes de genre.......... 20 »
PHILIPOT. Etudes de style....................... 30 »

ÉTUDES A 4 MAINS

pour le Piano

CONCONE. Op. 38. Etudes dialoguées .... 12 »
— — 39. — de salon............. 15 »
— — 40. — caractéristiques....... 12 »
— — 45. — d'expression .... 15 »
— — 46. — élémentaires.......... 12 »
— — 47. — — 9 »
— — 58. Etudes dramatiques sur des mélodies de Fr. Schubert.......... 15 »
DUVERNOY (J.B.) L'Emulation. études faciles... 12 »
— Op. 258. Etudes faciles et dialoguées.. 12 »

SOLFÈGES ET VOCALISÉS

ARTAUD. Solfège universel, leçons par les compositeurs célèbres, net................ 8 »
— Le même autographe, à changement de clefs.......................... net 12 »
MARCHESI. (M.) Méthode de chant théorique et pratique, Op. 31. net 15 »
— Op. 30. Vocalises p^r Soprano ou Mezzo Soprano......................... 25 »
— Op. 29. Vocalises pour Mezzo Soprano ou Contralto....................... 25 »
DUVERNOY. Solfège progressif................ net 3 »
MARMONTEL. Op. 7. Grammaire musicale et populaire......................... net 2 »

TRAITÉS D'HARMONIE

MONCOUTEAU. Traité de contre-point et de fugue net........................... 3 »
— Exercices harmoniques et mélodiques................. .. net 3 »
— Manuel de transposition musicale. 2 »
— Recueil de leçons d'harmonie, net 2 »
— Résumé des accords appliqués à la composition............... net 2 »
— Traité d'harmonie contenant les règles et exercices nécessaires, net.......................... 5 »
— Traité d'harmonie élémentaire.... 2 50

ÉTUDES POUR LE VIOLON

HERMAN (A.) Études de style :
— 1er Livre. Études élémentaires...... 12 »
— 2e » » chantantes........ 12 »
— 3e » » progressives....... 12 »
— 4e » » artistiques........ 12 »

Toutes ces études sont avec accompagnement d'un second violon.

ÉTUDE COMPLÈTE
de la
NOTATION MUSICALE
AU PIANO

PAR

A. M. AUZENDE

CAHIER N° 1
Clé de sol.

CAHIER N° 2
Clé de fa.

CAHIER N° 3
Notes aiguës de la Clé de sol.

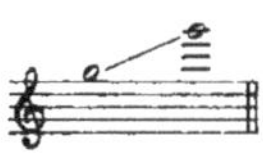

CAHIER N° 4
Notes graves de la Clé de fa.

– **CAHIER N° 5** –

Notes servant de lien entre les deux Clés.

– **CAHIER N° 6** –

Réunion des deux Clés.

— Ma meilleure manière d'apprendre la musique était d'en copier.. (Mémoires d'un auteur du dix-huitième siècle.) —

www.ingramcontent.com/pod-product-compliance
Ingram Content Group UK Ltd.
Pitfield, Milton Keynes, MK11 3LW, UK
UKHW032033260826
14628UKWH00006B/2921

9 782329 340029